VÍCTOR MANUEL FERNÁNDEZ

NOVENA PARA PROTEGER-SE DA INVEJA

Editora
SANTUÁRIO

Tradução: Pe. Afonso Paschotte, C.Ss.R
Copidesque: Elizabeth dos Santos Reis
Diagramação: Simone A. Ramos de Godoy
Projeto gráfico: Marco Antônio Santos Reis
Capa: Bruno Olivoto

Título original: *Novena para protegerse de las envidias*
© Ediciones Dabar, S.A. de C.V., México, 2002
ISBN 970-652-265-4

ISBN 85-7200-939-6

FSC
www.fsc.org
MISTO
Papel produzido a partir de fontes responsáveis
FSC® C132240

A marca FSC® é a garantia de que a madeira utilizada na fabricação do papel deste livro provém de florestas que foram gerenciadas de maneira ambientalmente correta, socialmente justa e economicamente viável.

Este livro foi composto com as famílias tipográficas Arial e Times New Roman e impresso em papel Offset 75g/m² pela **Gráfica Santuário.**

9ª impressão

Todos os direitos em língua portuguesa
reservados à **EDITORA SANTUÁRIO** – 2018

Rua Pe. Claro Monteiro, 342 – 12570-000 – Aparecida-SP
Tel.: 12 3104-2000 – Televendas: 0800 - 16 00 04
www.editorasantuario.com.br
vendas@editorasantuario.com.br

Muitos vivem preocupados com a inveja. Sentem que os problemas que sofrem têm a ver com os planos dos invejosos. Por isso buscam, muitas vezes, os bruxos, os videntes, utilizando-se de coisas que julgam trazer proteção.

Nenhum objeto, porém, poderá protegê-los da inveja e muito menos os rituais falsos dos que ganham dinheiro com seus temores.

Por isso eu lhe ofereço esta novena. Você não pode esquecer que o poder de Deus é infinito. Ele, que criou o mundo, pode protegê-lo dos invejosos. Mas você tem de fazer um caminho e utilizar-se dos meios que Deus oferece para sua proteção. São gratuitos, porque Deus, que o ama, lhe dá o que você necessita para se libertar da maldade alheia.

Faça esta novena, colocando toda a sua confiança em Deus, e a inveja dos outros não terá poder algum sobre você.

Primeiro dia

Tudo em tuas mãos

1. Palavra de Deus

"Socorro, Senhor! Pois acabaram-se os fiéis, desapareceu a lealdade dentre os filhos dos homens; dizem mentiras uns aos outros" (Sl 12,2-3).

"Meus olhos se voltam para ti, Senhor, meu soberano: em ti encontro abrigo. Não deixes minha alma desfalecer! Guarda-me do laço que me estenderam e das armadilhas dos malfeitores!" (Sl 141,8-9).

2. Meditação

Se temos medo dos invejosos, a primeira coisa que temos de fazer é recordar que Deus é infinitamente mais poderoso que eles. Deus, porém, espera que ponhamos nele toda a nossa confiança para que ele possa tomar-nos em seus braços e livrar-nos dos que procuram nos prejudicar.

Para despertar essa confiança é importante pedir-lhe proteção e auxílio. Podemos confiar ao poder de Deus tudo o que nos preocupa, tudo o que queremos que não seja prejudicado pelos invejosos: nossos planos e projetos, a família, o trabalho, o lar, a saúde.

Algumas pessoas sofrem muito porque percebem a inveja dos demais e temem que os invejosos possam fazer algum mal a eles ou a seus entes queridos.

Alguns usam objetos, acreditando, ingenuamente, que assim ficarão livres dos invejosos. Desta maneira ofendem a Deus, porque colocam a confiança num objeto em vez de confiar em Deus.

Descansemos nos braços do Senhor, sabendo que, estando em suas mãos, a língua e os maus desejos dos invejosos nada poderão contra nós.

O Deus que me criou por amor, se nele confio, não poderá deixar-me à mercê dos maus desejos dos outros.

Posso sentir alívio e despertar a confiança, pedindo-lhe com os Salmos: "Tem piedade, Senhor, porque os homens me calcam aos pés! Todo dia, os agressores me oprimem" *(Sl 56,2)*. "Livra-me, Senhor, dos inimigos, pois em ti me refugio" *(Sl 143,9)*. "Livra-me de todos os que me perseguem, e salva-me!" *(Sl 7,2)*.

3. Oração

Senhor, meu Deus adorado, tu sabes como meu coração se enche de temor, de tristeza e de dor, quando descubro que me invejam e que desejam fazer-me o mal. Mas confio em ti, meu Deus, tu que és infinitamente mais poderoso que qualquer ser humano.

Quero que estejam em tuas mãos todas as minhas coisas, meus trabalhos, minha vida, meus entes queridos. Confio tudo a vós, para que os invejosos não possam causar-me mal algum.

E toca meu coração com tua graça para que conheça tua paz. Para que de fato confie em ti, com toda a minha alma. Amém.

Segundo dia

Deus que cura a inveja

1. Palavra de Deus

"Continuamente escarnecem de minhas palavras e só pensam em meu dano. Ajuntam-se em bando para me espiar, vigiam todos os meus passos para atentar contra minha vida" (Sl 56,6-7).

"Os inimigos, cheios de vida, são poderosos, e numerosos são os que me odeiam injustamente, os que me pagam o bem com o mal, os que me atacam, quando procuro o bem. Não me abandones, Senhor!" (Sl 38,20-22).

"Eles aguçam as línguas como a da serpente; há veneno de víbora em seus lábios. Guarda-me, Senhor, das mãos do ímpio" (Sl 140,4-5).

2. Meditação

Deus não tem poder apenas nas coisas materiais.

Pode também atuar no coração das pessoas. É certo que ele não transforma o coração de alguém, se a pessoa não lhe permitir. Ele, no entanto, pode trabalhar respeitosamente com sua graça para fazê-la descobrir sua maldade e despertar nela um desejo de transformação. Por isso São Paulo rezava para que o amor de seus discípulos crescesse cada vez mais *(Fl 1,9)*.

Isso significa que podemos rezar pelas pessoas que nos invejam, para que Deus toque seu interior e cure essa inveja. Deus é o único que pode entrar nesses corações, para que possam amar os outros e para que não lhe causem dano algum.

Diz o Salmo que Deus conhece perfeitamente nosso interior e vê nossos pensamentos mais ocultos *(Sl 139,1-4)*. O Espírito de Deus penetra a intimidade das pessoas e, se pedimos, ele pode atuar ainda mais no interior das pessoas que nos invejam.

Podemos pensar que elas nos invejam porque têm feridas em seu coração, muitos sofrimentos do passado que as levam a invejar os outros pelo que não conseguiram realizar. Podemos pedir ao Senhor que cure essas feridas, esses sofrimentos ocultos, para que não mais necessitem invejar e prejudicar os outros. Que atue nos corações, tirando-lhes toda inveja, murmuração ou rancor para conosco.

Também podemos oferecer nessa intenção algum sacrifício, jejum, uma esmola ou outra boa obra.

3. Oração
Meu Deus, olha aqueles que querem prejudicar-me ou desrespeitar-me, porque são invejosos. Mostra-lhes a fealdade da inveja. Toca seus corações para que me olhem com bons olhos. Cura seus corações da inveja, de suas feridas mais profundas e abençoa-os para que sejam felizes e não precisem mais invejar-me.

Confio em ti, Senhor. Amém.

Terceiro dia

Algo melhor de mim

1. Palavra de Deus
"Não te alegres por minha causa, minha inimiga, se caí, eu me levanto, se habito nas trevas, o Senhor é minha luz" (Mq 7,8).

2. Meditação
Quando outras pessoas nos invejam, nem sempre devemos culpá-las. Pode ser que haja algo em nós que devemos mudar, algo obscuro.

Talvez haja em nós algo que irrite os outros. Nosso modo de vê-los, de falar-lhes pode molestá-los e isso faz com que comecem a olhar-nos mal, a nos criticar e a invejar pelo que temos.

Se estamos atentos, talvez podemos descobrir algo em nós que aborreça os outros. Se não conseguimos descobrir, podemos perguntar-lhes ou pedir que Deus nos ilumine para descobri-lo.

Muitas vezes, procurando falar-lhes com mais doçura, ou saudá-los com mais simpatia, os invejosos chegam a ter misericórdia para conosco e a olhar-nos sem rancor.

Todos podemos transformar-nos e crescer. Também em nosso modo de falar e tratar com os outros. Podemos tentar ser mais generosos, amáveis, comunicativos, serviçais. E principalmente aprender a devolver o bem em vez do mal, para não criar uma espiral de violência.

Lembremo-nos de que o ensinamento da Bíblia nos convida a não nos cansarmos de ser bons *(Gl 6,9)*, a nos suportar uns aos outros *(Cl 3, 13)*, tratando de vencer o mal com o bem *(Rm 12,21)*.

Se somos cada vez mais agradáveis com todos, então serão menos os que nos invejam e mais os que se alegram conosco.

3. Oração

Senhor, tu me conheces e sabes que não sou perfeito, que há muitas coisas que ainda posso mudar. Há muito que burilar e melhorar em meu modo de ser e de agir.

Eu, porém, não quero reconhecer meus defeitos e os escondo em mim mesmo. E eles me trazem muitas dificuldades, porque despertam o rancor dos demais, a inveja, o desprezo.

Ajuda-me a descobrir minhas atitudes de orgulho, de indiferença ou de desprezo, meu egoísmo e comodidades. Ajuda-me a ver tudo isso que cai mal aos olhos dos outros. Ajuda-me para que possa mudar. Porque, se minhas atitudes forem melhores, isso despertará o carinho dos outros e a inveja desaparecerá como o vapor.

Toca-me com tua graça e embeleza-me com virtudes e dons que me façam mais agradável. Amém.

Quarto dia

Oferenda

1. Palavra de Deus
"Eu vos exorto, pois, irmãos, pela misericórdia de Deus, que vos ofereçais em vossos corpos, como hóstia viva, santa, agradável a Deus. Este é o vosso culto espiritual. Não vos conformeis com os esquemas deste mundo, mas transformai-vos pela renovação do espírito..." (Rm 12,1-2).

2. Meditação

A dor por causa das críticas, o temor de que nos façam algum mal, são sofrimentos que muitas vezes nos tiram a paz. Mas esses sofrimentos também podem ser oferecidos a Deus, como qualquer outro incômodo da vida.

Se podemos oferecer a Deus com muito amor o sofrimento de uma enfermidade física, ou a humilhação de um fracasso, também podemos oferecer-lhe o incômodo de suportar a inveja dos outros.

Recordemos que o próprio Jesus teve de sofrer por causa da inveja. O Evangelho relata como os fariseus invejosos procuravam sempre prejudicá-lo, porque não suportavam vê-lo famoso *(Jo 7,32; 12,18-19).*

Paulo também teve de suportar os invejosos *(Fl 1,15-17; 1Cor 3,4-8).* Mas era tão grande sua confiança em Deus e seu amor que seguia adiante, com entusiasmo: "Esquecendo o que fica para trás, lanço-me em perseguição do que fica para a frente, corro para a meta..." *(Fl 3,13-14).* O importante era cumprir a missão que o Senhor lhe entregava e não perder tempo, preocupando-se com os invejosos.

O melhor é oferecer ao Senhor a dor, os incômodos que os invejosos nos provocam e seguir adiante, com o amor do Senhor, sem que, com sua inveja, nos tirem o entusiasmo.

Se podemos unir uma enfermidade de nosso corpo à dor de Jesus Crucificado, podemos também lhe oferecer as humilhações que nos provocam os invejosos, recordando que também Jesus sofreu essas humilhações. Ele nos compreende e nos acompanha. Com ele tudo será mais fácil. E ele merece que aceitemos suportar alguns incômodos para oferecê-los com ternura. Assim seremos mais fortes, unidos profundamente a Jesus.

3. Oração

Senhor Jesus, muitas vezes já te contemplei crucificado e me compadeci de tua dor. Muitas vezes te ofereci pequenos sacrifícios como uma resposta de amor ao que por mim fizeste na cruz.

Muitas vezes quis te abraçar, unindo minha dor à tua. Hoje, porém, me pedes que aceite algumas humilhações; pedes-me que te entregue meu orgulho ferido e que aceites alguns dos sofrimentos que me causam os invejosos. Porque também tu passaste por essas angústias.

Não quero pretender ser mais que tu, Jesus, e aceito ter de sofrer um pouco por causa da inveja alheia. Eu te ofereço tudo isso, com todo carinho, para que meu coração não fique obcecado nem se atormente. Amém.

Quinto dia

Meios de libertação

1. Palavra de Deus

"Livra-me, Senhor, do homem malvado, protege-me do homem violento, dos que planejam maldades no coração e todo dia suscitam conflitos... Senhor, soberano, minha força salvadora, tu me proteges a cabeça no dia do combate. Senhor, não cedas às ambições dos ímpios, não dês êxito às suas intrigas, porque são prevalecidos" (Sl 140,2-3.8-9).

2. Meditação

Se alguém tiver grande confiança em Deus, fará uma simples súplica e seu coração ficará em paz. Mas, às vezes, nossa confiança é fraca. Por isso precisamos utilizar diferentes formas de oração, para sentir-nos seguros de proteção, pelo poder de Deus. Elas nos motivam a colocar nossa confiança no Senhor.

Uma maneira de rezar, para sentir-nos protegidos das pessoas invejosas, é cobrir-nos com o precioso sangue de Jesus Cristo. Se esse sangue teve o poder de libertar toda a humanidade do poder do pecado, então tem também o poder de nos proteger de qualquer mal. Quando sentirmos medo dos invejosos, imaginemo-nos debaixo do Senhor Crucificado. E aí deixemos que o sangue que brota de seu lado nos cubra completamente e nos proteja de qualquer mal por parte dos invejosos.

Também podemos pensar na imensa glória de Jesus Ressuscitado, no poder de Deus que o ressuscitou, e pedir-lhe que nos cubra com essa mesma glória e mantenha longe de nós os invejosos com seus projetos maus.

Outro bom recurso é tomar as Escrituras e orar com os Salmos, palavra de Deus para nós. Isso tem um efeito especial, já que a palavra de Deus é "mais cortante que a espada de dois gumes" *(Hb 4,12).*

Um meio muito especial para nos fortalecer e nos defender dos invejosos é a comunhão. Ao recebê-la podemos pedir a Jesus que nos defenda do mal da inveja. E mesmo se não podemos recebê-la, só o desejo da Eucaristia produz um grande efeito. Dizia Santo Tomás de Aquino que "tal é a eficácia de seu poder que, apenas desejando-a, já recebemos a graça que nos vivifica espiritualmente" *(ST, III, 79, I, ad I)*. Além disso, uma boa confissão de nossos pecados, com o sincero arrependimento, enche-nos do poder de Deus.

Finalmente, podemos aproveitar os sacramentais que têm a força da oração da Igreja, como rezar aspergindo nossa casa ou nosso corpo com a água benta, ou utilizar uma imagem de Jesus Crucificado. Há muitos recursos em nossa fé que nos fazem sentir que, com a ajuda do Senhor, os invejosos nada poderão contra nós.

3. Oração

Protege-me, Senhor, dos planos dos invejosos, cobre-me com teu precioso sangue salvador, cerca-me com a glória de tua ressurreição, cuida de mim pela intercessão de Maria, de todos os teus anjos e santos.

Faze um cerco divino a meu redor para que o rancor dos invejosos não penetre em minha vida. Amém.

Sexto dia

A arma do perdão

1. Palavra de Deus
"Se for possível e na medida em que depender de vós, vivei em paz com todos os homens. Não vos vingueis uns dos outros... (Rm 12,18-19).

2. Meditação

Contra os invejosos temos as armas do Senhor. Elas são muito mais poderosas que as armas do medo, do ódio e da vingança. Há, sobretudo, três armas do Senhor que desarticulam os invejosos: o perdão, o louvor e a bênção.

Quando não sei como me defender, a primeira coisa é recorrer ao perdão. Perdoar aos invejosos é melhor que odiá-los. Porque, se alimentamos o rancor e lhes desejamos o mal, isso complica tudo, desperta mais ainda sua atitude maldosa para conosco. Produz-se uma espiral de violência.

Mas, se procuramos compreender sua fraqueza, se todo dia pedimos ao Senhor a graça de perdoá-los e entregamos a ele nosso sofrimento e rancor, o perdão terminará desatando os nós dessa relação doentia.

Para poder perdoar alguém é importante motivar-se, recordando que Deus também me perdoou muitas coisas, que eu fiz os outros sofrer, que essa pessoa é amada por Deus, que lhe deu a vida, que por ela Jesus derramou seu sangue precioso, na cruz, etc.

Posso também lembrar que a falta de perdão produz em mim muitas angústias, sofrimentos e até enfermidades. O perdão, ao contrário, me cura, me livra e me devolve a alegria do coração.

Também é importante procurar compreender a pessoa que nos inveja, dando-lhe alguma desculpa, imaginando que há coisas muito dolorosas em seu interior que a levam à inveja.

Mas as motivações nunca são suficientes, se não pedimos ao Senhor a graça do perdão. Porque o perdão é algo sobrenatural, divino, celestial, e não podemos alcançá-lo com nossas próprias forças.

E, se nem sequer queremos perdoar, ao menos podemos reconhecer que o rancor nos prejudica muito e então podemos começar pedindo a Deus que nos conceda a graça de nos libertar e de perdoar. Assim, pouco a pouco, vamos consegui-lo.

Enquanto não perdoarmos, teremos de continuar sofrendo as ciladas dos invejosos; mas quando conseguimos perdoá-los, vemos como sua inveja começa a debilitar-se e como deixam de nos prejudicar.

3. Oração

Senhor, que perdoaste aos que te invejavam, te injuriavam e crucificavam, só tu podes dar-me a graça do perdão libertador.

Põe em meu coração o desejo sincero de compreender e perdoar aos que me invejam, para que eu possa olhá-los com teus olhos de amor e compaixão. Amém.

Sétimo dia

O remédio do louvor

1. Palavra de Deus

"Tira-me da rede que, às ocultas, me estenderam, porque tu és meu protetor" (Sl 31,5).

"Aleluia! Louva minha alma o Senhor! Louvarei o Senhor, enquanto eu viver, cantarei a meu Deus, enquanto eu existir" (Sl 146,1-2).

2. Meditação

Outra arma poderosa é o louvor: louvar a Deus pela pessoa que nos inveja.

O louvor é uma oração extraordinária. Eleva-nos acima de tudo porque ergue nosso coração até Deus e o tira das angústias interiores, tristezas e temores.

Eu posso louvar a Deus por sua grandeza, por seu amor, por seu poder ou por sua formosura.

Também porque Ele é o criador do mundo e o autor de minha vida, porque o descubro na natureza e em todas as coisas belas.

Mas também posso fazer algo que agrade muito a Deus: louvá-lo justamente por essa pessoa que me inveja.

Parece mentira, mas é possível: eu posso louvar a Deus porque Ele deu a vida a essa pessoa, já que sua existência é vontade divina. E ela é imagem de Deus, que nela se reflete. Tem uma inteligência criada para conhecer a Deus e um coração para amá-lo até o infinito.

Além do mais, posso tentar descobrir algo belo que Deus fez nessa pessoa, porque Deus colocou em todas as suas criaturas algumas coisas boas, que são reflexo de sua bondade divina. Por essas boas coisas posso louvá-lo.

O louvor produz no coração um efeito libertador. Ajuda-nos a enfraquecer nossas angústias e temores, e assim fortalece-nos para que os outros não nos possam prejudicar por sua malícia.

Quando louvamos a Deus estamos mais protegidos que nunca da inveja, das críticas, dos ciúmes, dos planos dos malvados. O louvor tem um poder misterioso para desarmá-los e impedir-lhes que cumpram seus maus desejos. Por isso, antes de nos lamentar, vale a pena usar nossa boca para louvar, até que desperte a alegria do louvor em nosso coração.

3. Oração

Meu Deus, cheio de glória, rico de maravilhas, repleto de bondade e de beleza, quero louvar-te com todo o meu ser. Tu mereces que eu me prostre diante de ti e te adore com alegria e paz. Nada neste mundo tem o direito de dominar meu coração e refrear meu louvor. Porque, se deixo de vos louvar, toda a minha vida se debilita.

Quero te louvar, Senhor, e sei que assim serei forte para que os invejosos não me possam dominar. Mas também te adoro por eles, porque são tuas criaturas amadas e porque neles também há reflexos de tua formosura. Amém.

Oitavo dia

O poder da bênção

1. Palavra de Deus
"Abençoai os que vos perseguem, abençoai-os e não praguejeis" (Rm 12,14).

2. Meditação

E, finalmente, temos a arma da bênção: abençoar essa pessoa que nos inveja e prejudica, desejar-lhe o bem, pedir ao Senhor que a abençoe, para que seja feliz. E, se o Senhor abençoar essa pessoa e a fizer feliz, ela não precisará nos invejar ou nos criticar.

Muitas vezes nos damos conta de que o ódio se volta contra nós mesmos. Porque, quando odiamos, alimentamos o fogo da violência e terminamos cada vez mais prejudicados.

Será sempre melhor que os outros sejam felizes, tenham paz e bem-estar, porque assim não terão nenhuma necessidade de invejar a felicidade alheia.

Mas, principalmente, quando abençoamos alguém, estamos desejando-lhe que se sinta bem em seu interior, que resolva as dificuldades de seu coração, que suas tristezas e amarguras sejam curadas.

Se o Senhor abençoar essa pessoa e lhe der a alegria interior, a santidade, o verdadeiro amor, então desaparecerão todas as invejas. Talvez me custe abençoar alguém que me inveja e busca fazer-me o mal. Tenho, no entanto, de pensar que ele poderá ser transformado. Se eu pudesse imaginar alguém mudado, curado de seus defeitos, libertado de suas más inclinações, completamente sanado de seus defeitos, então seria fácil amá-lo. Pois bem, abençoar alguém é desejar-lhe isto, é desejar que Deus mude completamente sua vida.

Pode ajudar-me imaginar como será essa pessoa no céu, onde só pode entrar o amor, a bondade, a paz e onde não pode entrar nada impuro, mau, negativo. Se a imagino curada e libertada no céu, poderei então abençoá-la para que alcance essa perfeição celestial.

A bênção é uma arma que Deus nos dá para nossa proteção contra os invejosos, para que não nos causem dano algum e sejam libertados desse mal.

3. Oração

Senhor, queres que eu seja um instrumento teu para abençoar os outros. E, quando eu os abençoo, derramas tua bondade sobre suas vidas.

Quero abençoar os que me invejam e perseguem, quero desejar-lhes que vão bem e que sejam felizes. Que te conheçam, te amem e aprendam a viver tua palavra. Que sejam santos e bons.

Eu os abençoo, Senhor, com os melhores desejos de meu coração, porque assim, mais cedo ou mais tarde, deixarão de desejar minha desgraça. Amém.

Nono dia

Liberdade interior

1. Palavra de Deus
"Sei que o Senhor defende a causa dos infelizes e faz justiça aos pobres" (Sl 140,3).

2. Meditação

Até o momento vimos diversas formas para nos defendermos das pessoas que nos invejam e buscam prejudicar-nos. Agora, porém, temos de dizer algo muito importante: o pior dano que nos podem fazer os invejosos é encher-nos de medo e de rancor. Se não tivermos medo e não dependermos deles, então nos sentiremos fortes e assim poderemos nos defender, sem sofrer tanto. Porque o temor, a tensão interior e o sofrimento que isso nos causa nos enfraquecem e nos perturbam. E essa perturbação pode produzir em nós doenças ou nos distrair tanto que já não mais somos capazes de resolver nossos próprios problemas. Por isso a melhor forma de nos defender é não permitir que nos inquietem.

Às vezes o que mais nos preocupa é que os invejosos nos critiquem, nos façam ficar em má situação ou nos caluniem por toda parte. Esse temor, contudo, é muito prejudicial, sobretudo se somos orgulhosos e vaidosos. Quando estamos muito dependentes de nossa imagem e daquilo que os outros vão dizer, qualquer crítica ou comentário sobre nós nos angustia e tira a paz. E não vale a pena desgastar-nos tanto por causa da aparência. É melhor estar livre de tudo isso.

Por isso é bom pedir ao Senhor que toque nosso coração e nos presenteie com uma profunda humildade. Que nos faça descobrir que não somos tão importantes para nos preocuparmos com o que dizem de nós. Há os que sofrem muito porque estão muito preocupados com a observação dos outros. Necessitam de sua aprovação e valorização. Por isso têm muito medo das críticas e dos comentários dos invejosos. Esquecem que a única coisa importante é o olhar do Senhor que nos ama, compreende nossas fraquezas e conhece todo o bem que há em nós.

Se pedirmos a Deus que cure nosso orgulho, não nos preocupará o que dizem os invejosos e não seremos escravos do que dirão. Assim nós nos libertaremos do mal que a inveja alheia nos possa causar. Porque "quem teme o Senhor não tem receio de nada e não treme, pois ele é a sua esperança" *(Eclo 34,16)*. Digamos como o Salmo: "Em Deus confio e nada temo: o que poderá fazer-me um mortal?" *(Sl 56,5)*.

3. Oração

Senhor, não quero que o medo dos invejosos tome conta de mim e me tire a calma. Sou amado por ti e tenho a dignidade de ser teu filho.

Quero viver livre e sereno. Reconheço que o orgulho me faz sofrer, quando os invejosos me criticam. Mas quero vencê-lo e conhecer a liberdade de um coração simples e humilde.

Hoje levanto a cabeça, Senhor, e me decido a caminhar firme, com dignidade, como teu filho amado, como tu queres que eu caminhe. Amém.

Índice

Primeiro dia
Tudo em tuas mãos 4

Segundo dia
Deus que cura a inveja 7

Terceiro dia
Algo melhor de mim 10

Quarto dia
Oferenda 13

Quinto dia
Meios de libertação 16

Sexto dia
A arma do perdão 19

Sétimo dia
O remédio do louvor 22

Oitavo dia
O poder da bênção 25

Nono dia
Liberdade interior 28

CONHEÇA TODA A COLEÇÃO

Novena de adoração e louvor
Novena para superar os medos
Novena para viver melhor
Novena para tornar-se mais forte
Novena para encontrar a paz
Novena para viver com alegria
Novena rezando pela família

Editora Santuário
www.editorasantuario.com.br

ISBN 85-7200-939-6

Pe. Pereira, C.Ss.R.

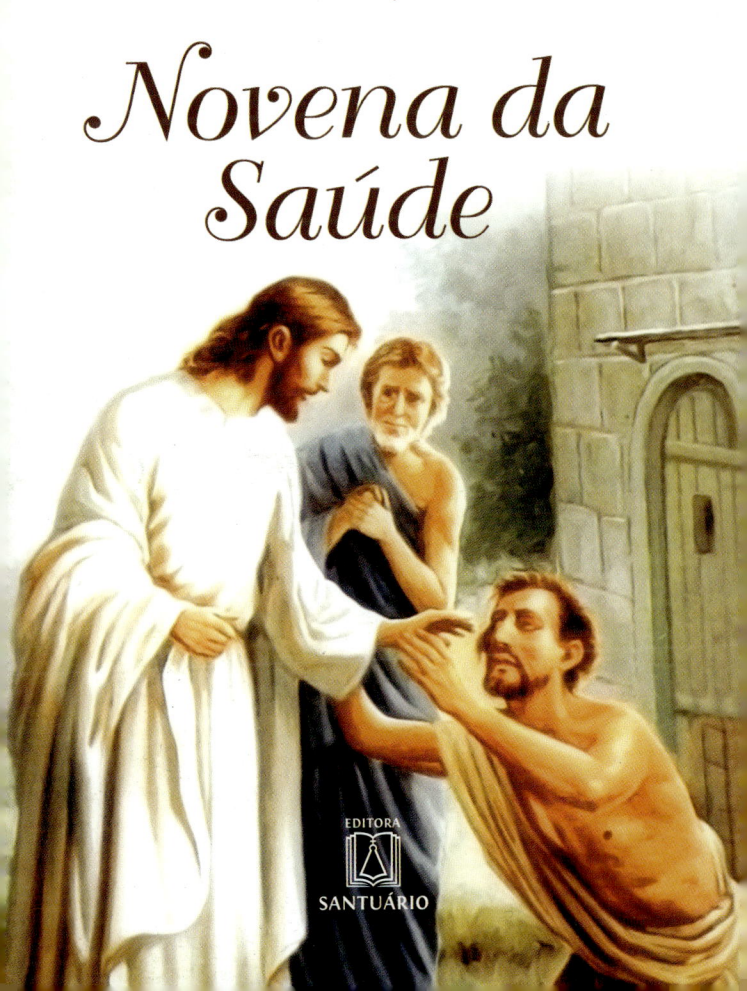

Novena da Saúde